UN

TRAIN DE PLAISIR,

Comédie en un acte et en vers,

MÊLÉE DE COUPLETS,

Par BERLY.

MELUN,

Imprimerie de DESRUES, boulevart Saint-Jean, 2.

1851.

UN

TRAIN DE PLAISIR,

Comédie en un acte,

MÊLÉE DE COUPLETS.

PERSONNAGES.

GRIPARIN,
GROSCOURT,
CANARD,
SARDINE,
Madame BREDOUILLET,
LÉON,
BREDOUILLET,
RATAPOIL.

SCÈNE Ire.

GRIPARIN *seul.*

e l'aile des vagons je vois sur ce rivage.
abattre *diantrement* des oiseaux de passage.
en vois des rouges, des blancs, de toutes les couleurs.
ignore à quelle marque on connaît les meilleurs,
ais, de tous il en est un singulier mélange ;
uelques-uns dans le nombre ont la figure étrange !
elui qui vient là-bas avec un petit gros,
t qui n'a seulement que la peau sur les os,
, dans son air jobard, la figure niaise;
oyons si l'on pourra le pincer à son aise.

AIR : *Larifla, etc.*

Un curé bon garçon
Nous dit un jour de fête,
Qu'on pouvait, sans façon,
Tromper un homme bête.

1851

Et moi, qui suis crédule,
J'ai pensé qu'on pourrait,
Sans le moindre scrupule,
Faire ce qu'il disait :

Tromper tous ces gens-là,
Ma foi c'est pain béni ;
Le ciel en sourira,
Et tout sera fini.

Le badeaud de Paris,
Qui fait tant sa tête,
Sera le premier pris,
Car il est le plus bête.

SCÈNE II.

GROSCOURT, CANARD.

GROSCOURT.

Tiens ! te voilà Canard ? Je suis content de voir
Que tu laisses aujourd'hui reposer ton rasoir,
Et je bénis cent fois cette heureuse aventure,
Qui me fait d'un ami rencontrer la figure.

CANARD.

Bien fin qui m'y prendra dans tes trains de plaisir.

GROSCOURT.

Pourquoi donc, cher Canard ?

CANARD.

Je faillis y mourir.

GROSCOURT.

Mais dis-moi donc, comment aurait-il pu se faire ?...
Le voyage en vagon te fus donc bien contraire ?

CANARD.

Je ne pus résister, vingt fois dans le chemin,

J'eus besoin de tenir la culotte à la main,
Et j'avais beau crier : Qu'on me fasse descendre,
Le cocher galoppait et ne voulait entendre.
Tous mes co-voyageurs voyant mon embarras,
Riaient à qui mieux mieux, n'en faisaient pas de cas.

GROSCOURT.

A part cet embarras, je pense que, du reste,
Il ne t'est rien encore arrivé de funeste ?

CANARD.

Si fait. Me trouvant là comme dans un étau ,
Je mis de temps en temps du cœur sur du carreau.

GROSCOURT.

Te voilà sain et sauf ?...

CANARD.

Et bien mal à mon aise,
J'ai le corps à présent plus plat qu'une punaise;
Je maudis mille fois tous les chemins de fer,
Les convois d'agrément et le voyage en mer.
Si joyeux en partant!... je n'aurais pas pu croire,
Dans un train de plaisir rencontrer ce déboire?
Et dire que cela n'arrivera qu'à moi !!

GROSCOURT.

C'est vrai, les contre-temps ne tombent que sur toi ;
Il semble pour frapper, qu'une triste aventure,
Sait connaitre son homme et choisir la figure?
Par un bizarre effet, c'est toujours au moins fort,
Que pour porter ses coups, va s'adresser le sort!...

CANARD.

Ajoute qu'au milieu de deux grosses matronnes,
J'avais le corps étroit, pris comme entre deux tonnes ;
Pour surcroit de malheur, qu'un funeste hasard,
Dans les bras d'une bonne avait mis un moutard,
Qui ne pouvant sortir, vu l'extrême vitesse,

Ose, devant nos yeux, faire une impolitesse !...
Tiens ! vois-tu cher Groscourt ? je jure que plus tard,
Jamais l'eau de la mer ne reverra Canard ! !

GRIPARIN *à part.*

Il se nomme canard, c'est le nom d'une bête !...

GROSCOURT *(à Canard).*

Il ne faut presque rien pour te troubler la tête ;
Tu crains l'explosion, un choc, un léger vent,
D'un paisible ruisseau tu t'en fais un torrent.
Sans doute, je te plains ! — Pourtant c'est peu de choses.
Sans épines, mon cher,.. on n'a jamais les roses ! !
Le temps, par un orage, obscurci le matin,
Le soir devient plus calme, et le ciel plus serein ;
Tous ces contre-temps là sont un heureux présage,
Que le reste du joar va passer sans nuage !...

CANARD.

A propos... Dis-moi donc ? je ne vois pas la mer ?

GROSCOURT.

La belle question ! il la regarde en l'air !..

GRIPARIN *(à part et bas).*

Qu'il est bête ! !...

CANARD.

Par-là, je vois courir la foule,
C'est sans doute par-là que l'eau de la mer coule ?

GROSCOURT.

Voyons, y penses-tu, la mer n'a pas de cours !

CANARD *(avec surprise).*

Bah ! !...

GROSCOURT.

La mer dans son lit va balottant toujours.
Toujours le flot va, vient, et revient sur lui-même.

CANARD.

Des fleuves de chez nous, ce n'est plus le système,
La Seine que j'ai vue en descendant en bas,
Abandonne ses eaux, ne les ramène pas;
C'est toujours en coulant qu'elle finit sa course,
Et jamais on la voit remonter vers sa source.
Je pétille de voir, si la mer sur ces eaux,
Comme la Seine aussi, fait voguer des bateaux?
Demandons au Monsieur — que je vois sur la place?...

GRIPARIN (*à part*).

Je puis tirer parti d'un homme si bonace!!.....

SCÈNE III.

CANARD, GROSCOURT, GRIPARIN.

CANARD (*à Griparin*).

(A part).
Il paraît ma foi bien. — Si j'en juge à son air,
Il est de ce pays et connait bien la mer.
(A Griparin).
Monsieur! permettez-moi? Votre mine assez franche,
Me fait vous demander le chemin de la Manche.
Je ne me trompe pas? vous êtes de l'endroit?
Vous pouvez m'indiquer ce chemin là tout droit?

GRIPARIN (*il parle avec un accent gascon*).

Tel qué vous me voyez, je né trompé personne...
Monsieur, mon pére etait de la Haute-Garonne.
Dans l'état de marin, pour me donner l'essor,
Je vins dans ce pays étant très-jeune encor,
Et depuis ce temps-là je suis sur ces parages,
Dans le monde marchand un des hauts personnages.

CANARD.

Vous connaissez la mer?

GRIPARIN.

Oui, je suis armateur.
Vous, vous êtes barbier?

CANARD.

Non pas! je suis coiffeur...

GROSCOURT.

Oui. Monsieur dans son art est un homme émérite.
Il ne prend pour clients que le monde d'élite ;
Il sait raser, friser à la mode du jour,
On fait chez lui la queue et l'on attend son tour.

GRIPARIN.

S'il peut, par son talent, se choisir la pratique,
Il a dû se monter une bonne boutique !
Je connais cet état ; feu mon père en vingt ans,
Amassa de ses mains vingt mille écus dedans.

CANARD.

Mon métier va toujours, et peut-être à son âge,
En aurai-je à mon tour amassé davantage.
Du reste, vous voyez, ma mine et ma façon,
Montrent pour le produit que le rasoir est bon.

AIR :

Gentil barbier,
Mon vrai métier
C'est la coiffure,
Oui mon métier
Fait la parure.

Je vais gai, content et joyeux,
Rasoir en main, peigne aux cheveux,
Bien demêlé, troussant mes manches,
Raser, friser, tous les dimanches ;
Je suis savant dans mon état,
Sous le menton je tiens le plat,
Et de la main dont je savonne,
Jamais je n'écorche personne.

Sémillant, frétillant,
Je rase lestement ;
Je passe et je repasse
Le rasoir sur la face.
Gentil barbier, etc., etc.

Je démêle partout les grands et les petits,
C'est moi qui fait la queue aux gens de mon pays ;
Je coupe leurs cheveux, je rase leur figure,
Des minois déchirés répare la nature :

Mon nom connu partout, est partout en honneur,
Des dames du grand ton je suis reçu coiffeur.

GRIPARIN (*à part*).

Je vais donc te pincer et mettre dans mes serres.

(A Canard).

Votre mise élégante et vos belles manières,
Si vous aviez en vous quelque chose de fat,
Ferait plutôt penser qu'on voit un avocat,
Et non pas seulement un *friseur* de *coiffure*,
Un *coupeur* de cheveux, un *raseur* de figure.

AIR :

La morgue et l'arrogance
Qui percent dans leurs traits,
Font connaître à l'avance
Les hommes du palais!

GROSCOURT.

L'avocat est de race,
S'il sait mentir souvent,
S'il est à double face
Et s'il aime l'argent.

Si plus d'un sot l'admire
C'est que plein de mots creux,
Tout ce qu'il entend dire
Est de la poudre aux yeux.

CANARD.

L'avocat d'origine
Dont le plant ne vaut rien,
Ne prend jamais racine
Où les choses vont bien.

CANARD (*avec un air d'importance*).

Monsieur! — je suis coiffeur et j'en fais vanité,
Cet art est des plus haut dans la société.
Chez nous — où sûrement le monde n'est pas bête!
C'est celui de coiffeur, surtout qui prend la tête.

GRIPARIN.

Du temps de feu mon père, il en était ainsi,

Le métier de barbier tenait la tête aussi.
Si la mort aussitôt, n'eût pas ravi mon père.
Je me serais lancé dans la même carrière.
Quand j'étais jeune encor du matin jusqu'au soir.
J'aimais à voir aller le peigne et le rasoir ;
Sous la main de mon père on voyait la pratique,
Le minois toujours frais sortir de la boutique ;
J'eusse aimé le métier qui promet de plus près
D'approcher du beau sexe, et d'en toucher les traits :
Aussi ne pouvant mieux, je joins à mon négoce,
Le peigne, les ciseaux, le rasoir et la brosse.
De pays étranger je tire des onguents,
Qui noircissent la barbe et font blanchir les dents.

GROSCOURT (*à Canard*).

Te voilà, cher Canard, en pleine connaissance !

CANARD.

Les gens de mon métier sont mes amis d'avance.

GROSCOURT.

De commerce entre vous nouez quelques rapports
Je m'en vais à la mer.

GRIPARIN.

On voit d'ici les bords.
Tenez ce chemin-ci conduit droit au rivage.

CANARD (*bas à part*).

Je veux gagner de quoi défrayer mon voyage.

GROSCOURT (*à Canard*).

Tu me trouveras-là.

CANARD (*à Groscourt*).

Je te suis, vas toujours !

(*Bas à part*).

J'aurai de ce marchand bien au-dessous du cours,
Des articles de choix qui feront la pratique
D'avantage à la queue entrer à ma boutique
Je ne suis plus fâché, ce jour va me valoir

Le produit de six mois du peigne et du rasoir. :
Après les contre-temps, voici les bonnes aubaines.

GRIPARIN (*à part*).

Bon ! Groscourt est parti — sans prendre des mitaines :
Je saisis mon Jobard et bientôt je le mets,
Comme un canard plumé dans mes propres filets.

CANARD.

Vous tenez notre article?

GRIPARIN.

Et plus d'une autre branche.
Mon commerce s'étend au-delà de la Manche;
Je tiens dans votre état le gros, le demi-gros,
Et j'ai dans ce moment des articles nouveaux,
Qui feraient sentir loin votre parfumerie ;
C'est l'huile de Melon qui nous vient de la Brie.

CANARD.

Je suis de ces pays et je n'ai jamais vu,
Que du Melon chez nous on eût tiré ce cru ?

GRIPARIN.

On les amène ici, par un moyen facile,
Et c'est dans ce pays qu'on en fait sortir l'huile ?
Pour les cheveux, la barbe et barbiche au menton,
Je tiens également la graisse du Lion.
La rareté du poil par tout votre visage,
Montre assez que chez vous on n'en fait point usage ;
Cependant vous savez la puissante vertu,
De cette graisse-là sur le cuir chevelu?
Et sur la barbe elle est, à ce point efficace,
Que gros comme une noix peut en couvrir la face.
Quand on est, comme vous, le coq de son métier,
L'article de l'état on doit l'avoir entier ?

CANARD.

Oui. . j'en suis en effet le coq dans notre ville,
Les dames à coiffer me trouvent très-habile ;
Des têtes de chez nous on n'en verra pas deux,
Sans avoir de ma main reçu quelques cheveux.

Les gens en sont jaloux, mon succès les défrise,
Mais la vogue que j'ai prouve qu'on les méprise.

GRIPARIN.

Eh bien! mon cher Monsieur, à plus forte raison,
Vous devez encore mieux monter votre maison.
Dans ce cas, je vous fait mes offres de service:
Je donne cent pour cent, frais faits, de bénéfice,
Et je remets un tiers, quand sur échantillon,
On me paie au comptant, même avant livraison.

CANARD.

En traitant avec vous, s'il vous est plus commode,
Je veux bien vous régler d'après ce nouveau mode,
Seulement je ferai mes achats moins complets,
Aujourd'hui me bornant à de petits objets.

GRIPARIN.

Vous n'êtes pas en fonds ?

CANARD.

J'ai peu de numéraires,
Ne pensant pas qu'ici je ferais des affaires ;
Venu pour mon plaisir et pour passer mon temps,
Je n'ai seulement pris qu'un bon de cinq cents francs.

GRIPARIN.

Je vous ferai tenir, Monsieur, pour cette somme,
Trois fois plus que pourrait vous le faire un autre homme.
Venez-là, sur la place, au café Bredouillet,
Et sur échantillon vous verrez chaque objet.

CANARD.

C'est donc ce café-là qui vous sert d'entremise
Pour les écoulements de votre marchandise ?

GRIPARIN.

La fabrique où se font mes savons, mes onguents,
Est là-bas hors la ville, assez loin dans les champs.
Dans ces lieux fréquentés je mets quelqu'un ci-contre,
Aux yeux des amateurs pour les tenir en montre.
Entrez en attendant.

CANARD.

Mais à l'intérieur
Ne craignez-vous pas trop l'excessive chaleur?
Le soleil est brûlant ; tenez, je suis en nage,
L'eau me coule partout, j'en ai plein le visage ;
Nous serions plus frais dans ce petit bosquet,
Entrons-y, s'il dépend du café Bredouillet.

GRIPARIN.

Ce désir est le mien, le vôtre le devance ;
Du café ce bosquet est une dépendance,
Nous y pouvons fort bien pénétrer sans façon.

CANARD.

Vous y venez souvent?

GRIPARIN.

Je connais la maison...
Donnez-moi votre canne, et prenez une chaise ;
Otez votre chapeau, mettez-vous à votre aise.
Que puis-je vous offrir? Quand on vient de si loin,
L'estomac dégarni doit avoir du besoin ?

CANARD.

Vous payez à dîner? mais ça tombe à merveille,
Je ne me ferai pas, Monsieur, tirer l'oreille
Vous venez de gratter où la puce me mord ;
Jamais je n'eus, je crois, un appétit si fort?
Cloîtré dans un vagon, sans prendre de solide,
L'estomac se dégage, et le ventre se vide.

GRIPARIN.

Que prenez-vous ?

CANARD.

Jamais je n'eus la gale aux dents :
Je m'accomode assez du goût de tous les gens,
Bien que de l'appétit jamais je ne m'écarte?
Pourtant j'aime le bon ..

GRIPARIN.

Eh bien! voyez la carte ;
Appelez le garçon, consultez votre goût,
Car quant à moi, Monsieur, je m'arrange de tout.

CANARD.

Garçon! garçon!!

SCÈNE IV.

CANARD, GRIPARIN, Mme BREDOUILLET, LÉON.

Mme BREDOUILLET.

Léon! voyez ce qu'on demande.

LÉON.

Voilà, Messieurs, voilà! j'attends votre commande.
Désirez-vous dîner?

GRIPARIN.

Au café Bredouillet
L'un et l'autre venons tout juste à cet effet?

LÉON.

Que faut-il vous servir?

GRIPARIN.

Une table solide,
Abondante en bons mets et surtout en liquide.

LÉON.

Vous tombez bien ici... c'est le bon numéro,
A bas prix l'on y mange et l'on boit à gogo.

GRIPARIN.

Le prix ne nous fait rien. Quand on se met à table,
Coûte que coûte, il faut un repas confortable.

LÉON.

Madame ! ces Messieurs désirent bien dîner

Mme BREDOUILLET.

La chose est très-facile, il suffit d'ordonner,
Toujours à point nommé notre cuisine est prête :
Vous n'êtes que vous deux ? voulez-vous tant par tête
Nous sommes bien fournis, je puis pour dix écus,
Vous donner aisément le plus beau des menus.

GRIPARIN.

Eh bien ! soit... dix écus... que la sauce soit bonne
Surtout que le bon vin encore l'assaisonne.

CANARD.

Et des huîtres, Madame, en donnez-vous aussi :
Exprès pour en manger vous me voyez ici.

Mme BREDOUILLET.

Quant aux huitres, Monsieur, c'est un service à part.

CANARD.

Il m'en faut.

LEON (*bas à part*).

Ce Monsieur a l'air tout goguenard.

CANARD (*à Griparin*).

Et vous, en mangez-vous ?

GRIPARIN.

Monsieur, j'en mange à peine,
Ma bourriche suffit... et vous ?

CANARD.

Une douzaine

Mme BREDOUILLET *à Léon*.

Léon, si ces Messieurs voulaient monter en haut,
Ils seraient mieux...

CANARD.

Non pas, il y ferait trop chaud !
Mais... d'huîtres sur la mer vous paraissez bien chiche.

Mme BREDOUILLET.

Faut-il vous en servir ?

GRIPARIN.

Une seule bourriche.

Mme BREDOUILLET.

Des huîtres. — Puis encore ?

CANARD.

Un potage au croûton ;
Mais, parmi tous ces plats, servez-nous du poisson.

Mme BREDOUILLET.

Quant au poisson, Monsieur, vous seriez bien habile,
Si vous pouviez trouver un goujon dans la ville
Je parle du goujon comme le plus commun,
Car, des autres, jamais nous n'en voyons aucun.

CANARD.

Comment, pas de poisson, quand la mer en abonde,
Quand on est sur ses bords, qu'on vogue sur son onde !

Mme BREDOUILLET.

Non, Monsieur, on l'embarque aussitôt qu'il est pris,
Pour le faire arriver tous les jours à Paris.
En vain offrirait-on une somme plus forte,
On ne le donne pas, c'est Paris qui l'emporte.
Il semblerait, Monsieur, que les chemins de fer
Vont bientôt enlever les poissons de la mer.

GRIPARIN.

Qu'allez-vous nous donner, dans ce cas, à la place?

Mme BREDOUILLET.

Des poulardes du Mans et des faisans d'Alsace,
De la perdrix aux choux, du poulet Marengo,
Des marrons de Lyon, du fromage de Brie,
Du raisin de Fontaine…

CANARD.

Arrêtez, je vous prie!!

Mme BREDOUILLET.

Comment donc? tout cela chez nous est recherché,
Et c'est toujours très-cher qu'on l'achète au marché.

AIR *Connu*.

On ne veut point d'une facile gloire,
L'obstacle ajoute un lustre à la victoire :
Loin de ces bords habite le faisan,
Pour le gourmet, c'est un morceau friand ;
Ardent chasseur, on court après le lièvre,
On bat la plaine, on se donne la fièvre ;
Fidèle oison, des fureurs des Gaulois,
Jadis ton cri sauva le Capitole ;
Pauvre clapier ta chair est tendre et molle,
Mais humblement vous croissez sous nos toits,
Vous n'êtes bons qu'à nourrir des bourgeois. (*bis*)

CANARD.

Madame, je ne veux ni raisin ni fromage.

Mme BREDOUILLET.

C'est encor cela qui coûte davantage.

AIR : Chacun sait que l'homme est fait
D'une façon si bizarre,
Qu'il estime plus l'objet,

Quand il sait qu'il est plus rare
Quelquefois il est si fou,
Qu'il court après une laide,
Et laisse là le bijou
Que sous la main il possède. *bis*

GRIPARIN.

L'homme trouve moins d'appas,
Dans l'objet qu'il a sans bile,
Et souvent il ne veut pas
D'un plaisir par trop facile.

CANARD.

Il s'en va chercher au loin
Une laide au front morose,
Et laisse-là dans un coin
Une belle au teint de rose. *bis*

CANARD.

D'après vous, c'est le prix qui fait la qualité,
Au poids de son argent que chacun est compté !
A-t-on de l'huitre enfin ?

Mme BREDOUILLET.

Je me suis expliquée
Nous avons de l'huitre, oui, mais sans être parquée.

CANARD.

Si votre huitre est ainsi, conservez-la pour vous.
Je ne mets pas mon corps tout sans dessus dessous.
Un homme de chez nous en mangea de la sorte,
Et son ventre depuis, Dieu sait comme il se porte !

AIR :

Ça me fait trop de peine
Je ne vous dirai pas,
Tout ce que sa bedaine
Eût de hauts et de bas.
Pourtant je m'en étonne,
Car son ventre à tout grain,
De tout qu'il entonne
Jamais ne perd un brin. (*bis*)

Mme BREDOUILLET.

Laissez mon huître-là... je trouverai des gens,
Pour s'en lécher les doigts, s'en régaler les dents.

GRIPARIN.

Servez-en seulement chacun une douzaine,
Il se pourrait plus tard que le goût nous en vienne!

CANARD.

A la place qu'on donne un ou deux mets de plus,
Quant à l'huître, Monsieur, je ne mords pas dessus.

GRIPARIN.

Je suis de votre goût.

Mme BREDOUILLET.

Que faut-il à la place?

CANARD.

Du dindonneau truffé, du pâté de bécasse,
Le reste du dîner, comme il est dit plus haut.

GRIPARIN.

Par le rognon sauté remplaçons l'artichaud;
Si vous avez mon goût, comme je le présume,
Vous n'êtes pas non plus très-friand du légume.

CANARD.

J'en mange assez chez nous.

Mme BREDOUILLET.

Avant midi sonné
Vous aurez à coup sûr tout prêt votre dîné;
Prenez en attendant le journal *l'Assemblée*.

CANARD.

Je ne prends dans de l'eau qu'une absynthe mêlée.

LÉON (*à Griparin*),

Et vous, Monsieur, faut-il vous en servir aussi?
C'est bon pour l'appétit.

CANARD.

J'en régale.

GRIPARIN.

Merci.

CANARD.

De plus, du mal de mer savez-vous que l'absinthe,
Quand on en boit un peu préserve de l'atteinte?

GRIPARIN.

Je vais chercher ma nièce, elle n'est qu'à deux pas.
Vous ferez votre choix pendant notre repas ;
Sur simple échantillon toutes nos marchandises,
Vont être à vos regards en un moment soumises.

CANARD.

Oui. . . c'est cela, Monsieur, allez, je vous attends.

GRIPARIN.

C'est à deux pas d'ici.

CANARD.

Ne soyez pas long-temps.

LÉON (*à Canard*).

Tenez, Monsieur, voici l'absinthe demandée.

CANARD (*à Léon*).

Bien ! merci.

(a part).

Non, jamais je n'eus meilleure idée
Que de prendre les trains. N'ayant droit qu'au plaisir,
Je rencontre une aubaine à faire tressaillir.
Groscourt avait raison, toujours après l'orage,
Le temps devient plus pur, le ciel est sans nuage.
Qui m'eût dit ce matin, quand j'étais sur les dents,

Que je dus à présent me faire ce bon sens ?
Personne assurément. Il m'arrive une chance,
Que certes j'étais loin de prévoir à l'avance ;
Gratis et pro deo, je vais faire un repas,
De tous ceux que j'ai faits, qui sera le plus gras ;
Aussi plat qu'une latte, usé comme un vieux livre,
Ce dîner va me faire engraisser d'une livre.
Sur ses articles donc, un homme aussi coulant,
Devra me faire au moins gagner net cent pour cent.
Ce jour va me valoir un bon coup de fortune,
Aussi contre le sort je n'ai plus de rancune.
Oui ! je le reconnais, quand nous luit le bonheur,
Il nous fait oublier les moments de douleur.
Quelquefois dans les jours que la parque nous file,
Il en est de plus doux et d'un cours plus facile.
Une vieille perruque est un tissu crasseux,
Où se mêlent de bons et de mauvais cheveux.
C'est ainsi que la vie est souvent un mélange
De jours remplis de joie, ou de douleur étrange.
Pour filer celui-ci sans doute que Cloto,
Sur un flocon de soie a tourné son fuseau ;
Il ne fait que de luire et déjà son aurore,
A fait voir à mes yeux des roses près d'éclore !,..
Voici l'oncle et la nièce ! elle a l'œil assez bon
Ma foi. Sans marchander et sans échantillon,
Si l'oncle lui donnait un peu de numéraire,
Je m'en arrangerais, j'en ferais mon affaire.
Voyons ? je suis garçon, sans doute déjà vieux,
Mais la chose souvent en vaut encore mieux.
Si, comme je le pense, il n'est rien qui la lie,
Je m'en vais à son oncle exposer mon envie.
Aussitôt qu'elle sait ce que j'ai devant moi,
Tous les biens que j'attends et surtout mon emploi,
Sans craindre de mon front les sillons de la ride,
Elle accepte ma main, notre hymen se décide,
Et j'ai tout à la fois en faisant comme il sied,
Un bon coup de commerce et chaussure à mon pied.

Air : Le mot n'est pas d'aujourd'hui :
Nul chez soi n'est bon prophète.
Chez nous le sexe m'a fui

Parce qu'il me croyait bête,
Mais dans ce lointain pays
Et l'aspect de mon visage
Je pourrai bien être pris
Pour un fameux personnage,

En levant bien haut le cou
L'enflure de leurs paroles,
Fait croire le Pérou,
Les ânes à deux *guibolles*. (*bis*.)

SCÈNE V.

GRIPARIN, SARDINE.

GRIPARIN.

Ainsi, vous comprenez ?

SARDINE.

Oui, je comprends le rôle,
Mais il ne faudra pas un si grand coup d'épaule,
Pour vous faire arriver à prendre cet oiseau,
Il va facilement donner dans le panneau.
C'est un de ces badauds dont tout Paris fourmille.

GRIPARIN.

Il se nomme Canard.

SARDINE.

Il tient de la famille...

CANARD (*à part*).

La nièce semblerait lui parler à l'oreille,
Peut-être que sur moi son idée est pareille ?
De mon côté sans cesse elle fixe les yeux,
Soyons un peu galant, ayons l'air amoureux.
On peut encore avoir avec la barbe grise,
Pour faire un bon mari la qualité requise.
Pour lui donner dans l'œil faisons-lui les yeux doux,
Et tâchons s'il se peut d'arriver son époux.

SARDINE (*à part*).

Celui-ci par exemple en voyant sa figure,
On peut le dire un oie et de la race pure ! !

GRIPARIN.

D'après ce que j'ai vu c'est le roi des jobards.

CANARD (*à part bas*).

Sans cesse par ici sont tournés ses regards ;
Vraiment de ma personne on la dirait coiffée,
Tant elle est après moi fortement attachée.
Les voici tous les deux ?...

GRIPARIN (*à Sardine*).

Jouons bien notre jeu ?

SARDINE.

A faire ces tours-là je m'y connais un peu...

SCÈNE VI.

GRIPARIN, SARDINE, CANARD.

GRIPARIN (*à Canard*).

Eh bien ! Monsieur Canard, je vous l'ai dit d'avance,
Vous avez peu souffert l'ennui de mon absence.

CANARD.

Un objet désiré tourmente qui l'attend,
Mais aussitôt qu'il vient le bonheur est plus grand.
Quoi ! ce charmant bijou, Monsieur, est votre nièce ?
De vos échantillons c'est la plus belle pièce !
Son visage et ses traits n'accusent pas vingt ans ?

GRIPARIN.

A la saint Cloud, Monsieur, elle entrera dedans.

CANARD.

Ma foi, j'étais bien loin de lui donner cet âge !

SARDINE.

Je vois que de flatter vous connaissez l'usage,
Mon oncle omet cinq ans, car avant la saint Cloud,
De mes cinq lustres pleins je toucherai le bout.

CANARD.

Air : Quand le sexe a certain âge,
Nous savons bien la plupart
Que souvent il a l'usage
De nous en cacher le quart. *(bis.)*

SARDINE.

Si les traits de la figure
Nous vieillissent quelquefois,
Il faut bien à la mesure
Qu'on vous trompe sur le poids. *(bis.)*

CANARD.

Soit!... l'âge n'y fais rien, mais la meilleure chose,
Vous avez la fraîcheur et l'éclat de la rose ;
Vos yeux vifs et brillants, où se lit la douceur,
Sont des traits bien lancés qui me vont droit au cœur.

GRIPARIN.

Vous dites-là, Monsieur, quelque chose qui flatte,
Qui fait baisser le front et le rend écarlate.
Ma nièce n'est pas faite aux discours amoureux,
Les trop beaux compliments lui font baisser les yeux.
Cet excès de pudeur tient à sa modestie.

CANARD.

Des plus grandes vertus c'est une garantie.

GRIPARIN.

A propos, cher Monsieur, comment vous n'avez pas
Fait dresser le couvert et servir le repas ?
Si vous eûtes ce soin aussitôt mon absence,
On pourrait commencer.

CANARD.

En les servant d'avance
J'ai pensé que les mets pourraient bien refroidir,
Aussi bien sur ce feu je les ai fait tenir.

GRIPARIN.

Alors, le tout est prêt?

CANARD (*à Sardine*).

C'est assez présumable,
Mademoiselle aussi, prend part à notre table ! ..

GRIPARIN.

Le repas est pour deux ?

CANARD.

Les mets sont d'un grand choix...
Quand il en est pour deux on en fait bien pour trois ;
D'ailleurs d'un bon repas vous savez bien que l'âme,
C'est l'amour, le plaisir, le bon vin et la femme ! ! ..

(A Sardine).
Voyons, n'est-il pas vrai ? vous dînez avec nous ?

SARIDNE.

Merci ! je n'ai pas faim...

CANARD.

Tâtez-vous bien le pouls ?

SARDINE.

Si mon oncle y consent, oui, sans cerémonie,
Je veux bien à dîner vous tenir compagnie.

GRIPARIN

Volontiers ! C'est à vous de régler les besoins,
Que la nature seule a laissés à vos soins,
Puis qu'un heureux hasard nous procure la chance

D'avoir de ce Monsieur l'heureuse connaissance.
Je ne suis pas fâché de vous voir de moitié,
Partager les douceurs de sa bonne amitié.

CANARD.

Et moi qui le désire. Un si joli convive
Va me donner encore une amitié plus vive.

(A Sardine).

Déposez votre boîte ainsi que vos cartons,
Nous reviendrons plus tard à vos échantillons.
Cammençons par dîner, c'est le plus nécessaire,
Et puis après cela nous causerons d'affaires.

GRIPARIN.

Je suis de cet avis, quand le ventre est content,
Quelquefois en affaires on devient plus coulant.
Appelez le garçon.

CANARD.

En voilà qui vont vite.
Certes nous mangerons de la viande bien cuite.

GRIPARIN.

Le service est très long.

CANARD.

Je gage en moins de temps.
Que je ferais moi seul la barbe à vngt clients.

GRIPARIN.

Je le crois bien, Monsieur, vous paraissez habile

CANARD.

Je fait vingt barbes l'heure, une perruque en ville.
Et deux cents de piquet.

GRIPARIN.

Vous jouez le piquet ?

CANARD.

Quelquefois, oui, Monsieur, mais plus le marjolet...
Et vous?...

GRIPARIN.

Je ne suis fort sur aucun jeu de cartes ;
Alors qu'il faut garder le plus souvent j'écartes.

CANARD.

Après notre dîner, si vous avez le temps,
De l'un où l'autre jeu nous ferons quelques cents?

GRIPARIN.

Très-volontiers, Monsieur, pour ce qui peut vous plaire,
Je jure qu'il n'est rien que je ne puisse faire.
Appelez le garçon et dînons s'il se peut.

CANARD.

Léon?

SCÈNE VI. *Les précédents*, LÉON.

LÉON.

Voilà, Messieurs, vous êtes sur le feu.

GRIPARIN.

Nous sommes durs à cuire?

CANARD.

Oui, car, de la marmite
Depuis aussi long-temps, nous sortirions plus vite.

LÉON.

Pardon, Messieurs... les trains et la saison des eaux,
Nous ont fait tomber tant de monde sur le dos,
Qu'à peine savons-nous où donner de la tête ;
Mais on vous tient... Dans peu, la table sera prête.
En attendant, quel vin faudra-t-il vous servir?
Nuits, Thorin, Chambertin, nous avons à choisir.

CANARD.

Quoi qu'en train de plaisir, je reste dans la lign.
Je veux du crû qu'ici vous tirez de la vigne.

LEON.

Le cidre qu'on y fait surpasse tous les vins !
Le Champagne mousseux, les Châblis les plus fins,
Le Grave, le Bordeaux, le Nuits et le Varreddes,
Auprès de ce crû là, ne sont que des vins raides.

CANARD.

Donnez-moi de ce crû ? je veux goûter à tout...
Quant à vous, commandez, et suivez votre goût ?

GRIPARIN.

Moi, je vais commencer par un peu de Madère,
Et pendant le dîner, ce sera le Tonnerre ! ! ..

LÉON *à Sardine*

Et vous ? à votre tour, quel vin désirez-vous ?

SARDINE.

Je connais peu les crûs, mais je prendrai du doux

LÉON.

Entre vous et Monsieur, la boisson est pareille,
Je m'en vais pour vous deux en mettre une bouteille.

CANARD.

Il semble que nos goûts voudraient sympathiser.

(Montrant la tête).

J'ai quelque chose-là ! dont il faudra causer ?
Tel que vous me voyez, je suis célibataire !..

GRIPARIN.

Je ne vois rien en vous qui dise le contraire
Sur le front quelquefois l'hymen nous saute aux yeux !

Mais vous, vous n'avez rien, du menton aux cheveux,
Qui puisse dire encor que les nœuds d'hyménée,
Aient fait entrer chez vous la gent embéguinée.
Et cependant, je crois, en regardant vos traits,
Que l'hymen doit, pour vous, avoir quelques attraits;
Votre âge encor, Monsieur, laisse à votre figure,
L'espoir de posséder ce que l'hymen procure!!...

CANARD.

Il est vrai, j'ai passé mes quarante printemps,
Eh bien! j'ai tous les feux que j'avais à vingt ans...

GRIPARIN.

Oui. . vous deviez avoir une tête à caprices?

CANARD.

On en a fait plus d'un, sans aucuns sacrifices...

AIR *du Philtre.*

Gentil coiffeur,
Beau comme un cœur,
Je suis gai, joyeux enchanteur,
Des perruquiers je suis l'honneur.
Dans mon pays on me renomme,
Les dames me trouvent bel homme.

Gentil coiffeur, etc., etc.

GRIPARIN.

Et vous êtes garçon?

CANARD

Il ne tint pas qu'à moi,
De faire que l'hymen me prenne sous sa loi.
J'ai voulu bien souvent tâter du mariage,
Mais dans notre pays le sexe est si volage,
Que malgré mes talents, ma beauté, mes vertus,
Il a fui, je n'ai pu mettre la main dessus.

AIR *Connu*.

Aussitôt que d'une belle
Je voulais être l'époux,
Et que je m'approchais d'elle,
Pour lui faire les yeux doux,
En regardant ma caboche,
Elle avait l'œil en courroux,
Et fuyait à mon approche,
C'était comme un loup garoux. *(bis)*.

Si, comme je le crois, votre nièce est nubile,
Peut-être sera-t-elle à mes vœux plus facile.
Oui, foi d'honneur, je sens que mon corps est pétri
Encore de façon à faire un bon mari.

GRIPARIN (*à Sardine*).

Quant à moi, j'y consens.

SARDINE.

Je vous serai soumise.

GRIPARIN.

Nous allons en causer...

LÉON.

Messieurs, la table est mise ?. .
Et les mets à présent n'attendent plus que vous.

CANARD (*à part*).

Pendant tout le repas faisons-lui les yeux doux.

GRIPARIN.

Asseyez-vous, Monsieur, prenez là votre place,
A côté de ma nièce, et moi je vais en face.

CANARD.

Très-volontiers, Monsieur, c'est pour moi de l'honneur,
Et vouloir seconder les désirs de mon cœur.

(A Sardine).

Tenez, mademoiselle, acceptez cette chaise,
Mon cœur auprès de vous devient une fournaise!!...

AIR : *Faisons la paix*.

Auprès de vous, (*bis*).
Objet sacré de mon envie,
Mon cœur ressent un plaisir doux,
Ah ! laissez-moi passer ma vie
Auprès de vous.

SARDINE.

Auprès de vous, (*bis*).
Oui, mon bonheur sera le même,
Si vous devenez mon époux,
Je n'aurai de plaisir extrême
Qu'auprès de vous.

CANARD.

Tantôt j'aurais des yeux dévoré le repas,
A présent, si j'osais, je n'y toucherais pas.

SARDINE.

Eh ! pourquoi donc, Monsieur ? la table paraît bonne !

CANARD.

L'amour chasse la faim quand chacun nous talonne.

GRIPARIN.

Vous savez, l'appétit vient en mangeant, dit-on,
Pour le voir encor mieux, goûtez de ce croûton.

CANARD.

Servez mademoiselle? il faut l'honneur aux dames ?

SARDINE.

Tiens ! vous savez, déjà, ce que l'on doit aux femmes ?
Sans être marié !...

GRIPARIN.

Vraiment, par la candeur.
Elle est bête parfois !

CANARD.

Cela vous fait honneur !...
La simplicité vient des préceptes du sage,
Toujours de l'innocence elle fait le partage !...

GRIPARIN.

Eh bien ! ce croûton-là, comment le trouvez-vous?

CANARD.

Il est parfait ! !,..

GRIPARIN.

Voici de la perdrix aux choux,
Dont, je crois, vous devez me donner des nouvelles ;
Je m'en vais, entre vous, découper les deux ailes?

CANARD.

Si vous nous donnez tout, qu'aurez-vous dans ce cas ?
Vous n'êtes pas ici pour flairer le repas ?

GRIPARIN.

Je prendrai de la cuisse avec de la carcasse.

SARDINE

Mon oncle, j'ai peu faim.

GRIPARIN.

Que veux-tu que j'y fasse ;
Sur la table, pourtant, tous les mets sont de choix,
Pour être plus en goût voulez-vous des anchois ?

CANARD.

Volontiers, car déjà mon appétit s'émousse,
Et voudrait pour marcher quelque chose qui pousse.

GRIPARIN.

L'anchois nous rend au goût le mets plus délicat.

CANARD.

On peut en demander pour tenir lieu d'un plat.

GRIPARIN.

Garçon?

LÉON.

Voilà, Monsieur!...

GRIPARIN.

Pensez-vous qu'on nous donne
Des anchois pour un plat?

LÉON.

Je vais voir la patronne,
Sans elle je ne veux vous troquer aucun mets.

CANARD.

Cela se fait partout.

LÉON.

Eh bien! ici jamais.

GRIPARIN.

Allez le demander.

CANARD.

Léon nous entortille,
Je crois que nous allons recevoir de l'étrille.
Chez ces gens quand on voit un visage étranger,
C'est toujours à grand prix qu'on lui donne à manger.
J'en ai vu quelques-uns qui savent, à la mine,
Combien de tour de broche il faut à la cuisine,
Et qui, de cette broche ont pu se tirer net,

Beaucoup plus que souvent l'avocat du bonnet.
Si je signale ici leurs petits tours d'adresse,
C'est que déjà, pour vous, Monsieur, je m'intéresse.
Vous êtes par trop bon, et je ne voudrais pas,
Que vous payez trop cher le prix de ce repas ;
Je crains qu'on ne vous tire ici quelque carotte

LÉON.

Messieurs, encor en plus on les joint à la note,
On ne peut par un mets remplacer les anchois.

GRIPARIN.

Eh bien, nous les payerons, servez-nous-en pour trois.

LÉON.

On peut mettre à ce prix tout à votre service.
Tenez. .

CANARD.

Voilà, Monsieur, la ruse qui se glisse.

GRIPARIN.

Il ne faut pas toujours se méfier des gens,
Plus on est confiant moins on est mis dedans.
Pour qui se fait sans cesse un monstre de son ombre,
L'objet le plus riant devient un objet sombre.
Celui qui sait aller son bonhomme de train,
Peut toujours sans encombre arriver à sa fin.
Vous, Monsieur, qui traitez le sexe de volage,
Sachez bien pour cela qu'il vous fait davantage,
Et que c'est pour ce fait qu'il vous laisse garçon ;
Pourtant je reconnais que vous avez du bon.

CANARD.

Certes, oui, j'ai du bon ! Si j'ai mademoiselle,
Dans peu de temps, Monsieur, vous en aurez nouvelle.
Je dépose à ses pieds pour obtenir sa main,
Ce que j'ai devant moi du produit de mon gain,
Consistant en biens fonds, deux mille écus d'avance.

Et mon travail futur encor plein d'espérance;
J'y joindrai par-dessus mes qualités du cœur,
Dans la société mon rang et mon honneur.
A Saint-Julien-du-Saut je suis dans la paroisse,
L'homme le plus savant que le curé connoisse.
De lui j'appris à lire assez bien le latin,
Et je suis à présent premier chantre au lutrin;
Je vous promets dans peu l'accès au presbytère.
De Monsieur le curé, Rose la ménagère,
Vous fera, comme à moi, je le gage bientôt,
Inviter à sa table et goûter à son pot.

GRIPARIN.

Vous êtes le mari qui convient à ma nièce;
A l'appui de cela, sans voir aucune pièce...
J'ose ajouter de plus qu'il n'est pas de partis,
Qui puissent se trouver aussi bien assortis.
Ma nièce a du comptant et mille écus de rente,
Avec des qualités.

CANARD.

Monsieur, je m'en contente.
Vous pouvez laisser là de côté les vertus,
Je m'accommoderai seulement des écus.

GRIPARIN.

Si ma nièce y consent, c'est, je crois, une affaire,
Avant deux mois d'ici qui pourrait bien se faire.

SARDINE.

Mon oncle? sur ce point ma volonté c'est vous,
Et de vous que dépend le choix de mon époux.

CANARD (*Haut*).

L'appétit me revient.

(Bas).

Oh! mille écus de rente!...
Je trouve de ces mets la sauce plus piquante.

GRIPARIN.

C'est sans doute l'anchois qui vous a mis en goût.
Prenez de ce gigot, après buvons un coup.

CANARD.

De notre hymen futur buvons à l'espérance,
Du bonheur qu'il promet soyons joyeux d'avance!...

GRIPARIN.

Buvons a la santé de mes petits neveux!

CANARD.

Malgré ses quarante ans, on pourra bien sans peine
Et sans se déchausser en faire une douzaine.
C'est le vœu de mon père, il attend de ma part,
L'heureux accroissement du beau nom de Canard.
Il voyait à regret rester inefficace,
Le plus ferme soutien que dût avoir sa race.
Il disait à ma mère : Avant peu ton garçon,
Assurément te va rester pour la façon;
Le voilà bien avant passé la quarantaine,
Veut-il, comme un melon, mourir avec la graine? ..
Ne sait-il pas ici que tout se reproduit,
Que rien ne disparaît sans laisser de son fruit.
Un homme vaut bien peu quand il n'est pas capable,
Avant de s'en aller de laisser son semblable?
D'après ces sentiments, jugez de quel bonheur,
Mon hymen imprévu fera battre son cœur.

GRIPARIN.

Votre hymen à présent est affaire entendue.

CANARD.

Bientôt avec mon père ayons une entrevue.

GRIPARIN.

S'il n'a pas vu la mer, vous pouvez revenir
Dans quelque temps d'ici par le train de plaisir?

CANARD (*à Sardine*).

Mon départ, n'est-ce pas, ma chère demoiselle,
Va joliment vous mettre au cent coups la cervelle ?

SARDINE.

Oui, Monsieur, c'est au point, qu'étant folle de vous,
Je désire déjà vous tenir pour époux.

CANARD.

AIR : *Bonne espérance.*

Douce espérance,
Mon cœur d'avance
Bat en silence
Pour ce jour-là.

SARDINE.

Fi ! son amante !
Mon âme ardente
Est dans l'attente
De ce qu'il a.

CANARD.

Tenez, consolez-vous, en partant je vous laisse
Ce bon de cinquante francs ainsi que mon adresse.

SARDINE (*lisant l'adresse*).

« A *l'Homme bien Coiffé*... puis... deux cornes en haut
François Canard, coiffeur à Saint-Julien-du-Saut,
Commerce en faux toupets, fabrique les perruques,
Et fait remettre à neuf les plus mauvaises nuques,
Tient les eaux de Bully, les huiles, les onguents,
La crême de Chantal, la poudre pour les dents,
Le savon à la rose, et joint à son négoce,
Le peigne, les ciseaux, le rasoir et la brosse. »

GRIPARIN.

Vous êtes bien monté?

CANARD.

J'ai l'un des meilleurs fonds.

GRIPARIN.

Venez jeter les yeux sur nos échantillons,
Et faites votre choix.

CANARD.

Aujourd'hui ma commande,
Pour un bon de cinq cents, ne peut être bien grande.

GRIPARIN.

Pardon, si fait, Monsieur, et vous serez surpris,
De ce qu'on peut avoir pour un si léger prix.
Je m'en vais vous traiter comme une connaissance.

CANARD.

Je m'en rapporte à vous.

GRIPARIN.

Vous le pouvez d'avance.

CANARD.

Vous me ferez tenir un bon assortiment,
Des articles nouveaux qui se vendent souvent

GRIPARIN.

Vous serez très-content, cette première affaire,
Vous dira de nouveau si nous pouvons en faire,
Et je veux qu'en montrant de mon échantillon,
Vous répandiez chez vous mes produits et mon nom.

CANARD.

En causant le temps coule, et l'heure passe vite,
Pour me rendre à la mer, à l'instant je vous quitte.
Je suis vraiment confus de votre honnêteté.
Au plaisir de vous voir?

GRIPARIN.

Allez de ce côté,
A quelques pas d'ici vous verrez le rivage ;
Bon divertissement et surtout bon courage?...
Je vais pendant ce temps régler notre repas

CANARD.

Voyez donc ce que c'est? — Mais je n'y pensais pas!...
Avant que de partir voulez-vous qu'il m'en coûte
Quelque chose ?

GRIPARIN.

Merci!...

CANARD.

Seulement une goutte?

GRIPARIN.

Non, Monsieur, maintenant j'ai tout ce qu'il me faut,
C'est pour une autrefois.

CANARD.

Nous nous verrons bientôt?
Adieu.

GRIPARIN.

Adieu, Monsieur.

(A Sardine).

Eh bien! voilà tout comme,
Alors qu'il est si bête on peut pincer un homme.
Maintenant il s'agit de filer à propos,
Pour lui laisser encor le dîner sur le dos.

SARDINE.

Sans payer le dîner, si nous gagnons le large,
C'est monsieur Bredouillet qui portera la charge ;
Il ne va plus savoir où repêcher Canard,
Et dans quel lieu ses pas ont suivi le hasard.

GRIPARIN.

Il a laissé lui-même un filet pour le prendre,
Pour le jeter dedans il suffit de le tendre :
Madame Bredouillet nous a servi trop bon,
Pour aller du dîner lui laisser la façon.

GRIPARIN.

Pour le faire payer voilà mon artifice,

(Il prend l'adresse et la met sur l'assiette de Canard).

Je vous prends son adresse, et puis là je la glisse.
Vous comprenez cela ?

SARDINE.

Très-bien, et tôt ou tard,
Quelqu'un mettra la main sur le pauvre Canard ?

GRIPARIN.

Justement. Mon dessein se comprend à merveille.
Il n'est pas d'yeux ici ? je n'y vois pas d'oreille ?
Assemblons nos biblots et délogeons sans bruit,
Nous serons à Paris avant qu'il fasse nuit
Ne disons pas un mot en traversant la rue,
Et tenons, s'il se peut, notre bouche cousue.

LÉON *seul*.

Grâce aux trains de plaisir notre état devient bon,
Plus de dix fois le jour je vois remplir mon tronc.
Ma bourse ici se fait de plus en plus épaisse,
Et des repas qu'il sert, le patron nous engraisse ;
On dirait que l'argent a perdu tout son prix,
Aux yeux de ces badauds qui viennent de Paris,
Ou bien qu'on le répand à flots dans cette ville,
A le semer partout tant chacun est facile.
C'est vraiment avec soi, je crois, ne compter plus,
Que de venir, à deux, dîner pour dix écus.
Un coup en train, de lui le badaud n'est plus maître,
Il jette à pleines mains l'argent par la fenêtre ;
Certes, pour trente francs, qui fait maigre repas,
Au garçon qui le sert doit toujours donner gras.

Voyons, de ces Messieurs... je suis certain d'avance
D'avoir... tiens! ils nous ont tiré leur révérence!
Par exemple, en voici d'une étrange façon!!...
Auraient-ils, en partant, oublié le garçon?
Ils sont partis!... Monsieur! Madame! venez vite?

SCÈNE VII.

LÉON, Mme BREDOUILLET ET M. BREDOUILLET.

LÉON.

Les pigeons sont en fuite.

M. BREDOUILLET.

Vois-tu, j'avais bien dit qu'il fallait les plumer,
Ils sont loin à présent...

LÉON.

Oui, c'est à présumer;
Autant dans le lointain que peut porter la vue,
Je ne puis plus les voir se sauver dans la rue.

M. BREDOUILLET.

Voilà mes dix écus qui s'en vont avec eux;
Un garçon, voyez-vous, quand il a ses deux yeux,
Doit toujours en servant en avoir un qui veille.

LÉON.

Je n'attendais pas d'eux une chose pareille!!
Car la mine de l'un annonçait un niais,
Qui, pour être trompé, semblait né tout exprès;
Il est fait de façon que je puis, je le jure,
Entre mille aisément distinguer sa figure;
S'il passe par ici je le verrai de loin,
Je vais pour le guetter me blottir dans un coin.

M. BREDOUILLET.

Si Léon n'eût pas tant négligé son service,
Aurais-je à déplorer un si grand préjudice?

Il mériterait bien que je partage en deux,
Tout le prix du dîner que je n'ai pas eu d'eux.

Mme BREDOUILLET.

Bredouillet, ne dis pas de bêtises pareilles,
Nous étions à la cave à rincer les bouteilles,
Et ce pauvre Léon fait tout trop comme il faut
Pour. .

LÉON (*trouvant l'adresse sous la serviette*).

Tiens! Canard, coiffeur à Saint-Julien-du-Saut?...

(A M. Bredouillet).

Voyez donc, de l'un d'eux c'est peut-être l'adresse?

Mme BREDOUILLET.

Au maire de l'endroit il faudra qu'on s'adresse!
Qu'on prenne à ce sujet quelques renseignements.

M. BREDOUILLET.

Si Léon les connaît par leurs signalements,
Dans cette occasion, ce qu'il convient de faire,
C'est d'aller bonnement le dire au commissaire.

Mme BREDOUILLET.

C'est bien là les maris, voilà comme ils sont tous,
Mettre pour un fêtu tout sens dessus dessous.
D'abord tu fais un crime au garçon de service,
Et tu veux de tes riens tourmenter la justice;
Crois-tu qu'ils vont t'attendre? à présent ils sont loin,
C'est chercher une aiguille en un gros tas de foin;
En vain lâcherait-on tous les chiens de la ville,
Le convoi qu'ils ont pris déjà comme un trait file;
Ne comptons pas ici mettre la main dessus.

M. BREDOUILLET.

Il est heureux pour nous que dans les dix écus,
Nous ayons pour le moins trois quarts de bénéfice!

Mme BREDOUILLET.

Nous nous rattraperons sur un autre service!

M. BREDOUILLET.

Je les avais, du reste, assez bien étrillés.

Mme BREDOUILLET.

Que la police alors n'y fourre pas son nez !
Ne laissons pas en vain la justice boîteuse,
Nous donner les tracas d'une enquête ennuyeuse ?
A Saint-Julien-du-Saut écris à tout hasard,
Pour savoir s'il est vrai qu'il y reste un Canard ?
Voilà tout simplement ce qu'il convient de faire,
Pour ces bêtises-là le mieux est de se taire !...

SCÈNE VIII.

GROSCOURT (*seul*).

Assurément, Canard a perdu le bon sens,
Pour oser faire attendre un homme aussi long-temps.
Va ! je te suis, dit-il, et pendant plus d'une heure,
Tout seul en l'attendant comme un pieu je demeure,
Et de quelque côté que se portent mes yeux,
Je ne l'aperçois pas paraître devant eux.
Où diable, dans un lieu qu'il ne doit pas connaître,
Peut-il oser tout seul aller traîner sa guêtre ?
Pourvu que l'étranger, qui se disait marchand,
Que nous ne connaissons ni d'Eve, ni d'Adam;
Mais avec qui Canard, trop plein de confiance,
Se lia tout d'un coup, sans faire connaissance,
N'aille pas lui jouer quelque tour de gascon ?
Cet homme, à mon avis, n'annonçait rien de bon ;
En lui j'ai cru connaître, aux traits de sa figure,
Un des hommes qui vont flairant quelque aventure,
Et qui, le plus souvent, ne s'adressent qu'aux gens,
Qui font bourde sur bourde et bêtise en tout temps,
Et dont l'esprit étroit ne sait pas se défendre ?
Sans doute que Canard se sera laissé prendre,
Et qu'à l'heure qu'il est, mordant à l'hameçon,
Il se trouve refait d'une bonne façon ?
Du reste, il semble écrit, en gros traits, sur sa face,
Je suis tête à perruque, homme épais et bonace,

Qu'on peut mettre dedans avec le petit doigt.
Où vais-je le trouver? Voilà juste l'endroit,
Où je les ai laissés quand ils causaient d'affaire.
Voici le pâtissier à côté du notaire;
Je reconnais aussi le café Bredouillet :
Quoi donc cet homme-là de Canard a-t-il fait?
Je ne puis le trouver d'un côté ni de l'autre;
S'en est-il donc allé chez ce vilain apôtre?

SCÈNE IX.

CANARD et le petit RATAPOIL, gamin des rues.

Le petit RATAPOIL (*de loin, d'une voix criarde*).

(A Canard).

Monsieur, recommençons, je vous baignerai mieux.

CANARD (*en colère*).

Va, te dis-je, où je vais t'arracher les deux yeux.

RATAPOIL (*d'un ton arrogant*).

Dans ce cas, payez-moi?

CANARD.

Pour un tour si pendable!
Si tu veux de l'argent, va le chercher au diable.

SCÈNE X.

GROSCOURT, CANARD, RATAPOIL.

GROSCOURT (*à part*).

Je l'entends, c'est sa voix! c'est mon pauvre Canard.

RATAPOIL.

Vous me devez dix sous!

CANARD.

Du tout, pas un liard,
Va-t-en!...

GROSCOURT (*à Canard*).

Dans quel état te vois-je reparaître?
A peine sans ta voix pourrait-on te connaître;
Tes habits sembleraient te coller sur le dos,
Et l'on dirait ton corps tout trempé jusqu'aux os.
D'où viens-tu, comme ça... Que le diable t'emporte
De m'avoir si long-temps fait droguer de la sorte.

CANARD.

Eh! parbleu! d'où je viens? je reviens de la mer,
Autant me vaudrait-il revenir de l'enfer.

GROSCOURT.

Et pourquoi donc cela?

CANARD.

Mon courage intrépide
Voulant braver les flots de la pleine liquide,
Me lance comme un trait sur le pont d'un vaisseau,
Et je vois de ce coup, s'envoler mon chapeau.
Bientôt un marin plonge et des flots le ramène,
Je lui tire six francs qu'il reçoit pour la peine;
Ainsi voilà pourquoi que partout décousu,
Mon chapeau pisse l'eau comme un baquet sans cul.

GROSCOURT.

Pauvre Canard! Après?

CANARD.

Conduit par le pilote
Le navire s'avance et le vent le balotte,
Sur les plis de la mer il monte et redescend;
Mon corps, tout remué par un roulis trop grand,
Sous le nez d'un chacun se voit forcé de rendre,
Des choses que ton chien n'aurait pas voulu prendre.
Je fus au point pénaud de ce déboire honteux,
Que les larmes encor m'en roulent dans les yeux;
Dussé-je avoir tout l'or de la Californie,
Désormais sur la mer je n'irai de ma vie.

GROSCOURT.

Pauvre Canard ! Après ?

CANARD.

En regagnant le port.
Un malheur bien plus grand me réservait le sort.
Je fus environné par les gens de la foule,
Qui toujours sur les ponts regardent l'eau qui coule
Chacun voulait m'avoir pour me porter au bain,
Mais pour payer moins cher je choisis ce gamin...

RATAPOIL.

Vous me devez dix sous.

CANARD.

Preuds garde à ton oreille.
Drôle !...

GROSCOURT.

Hé bien !

CANARD.

Peux-tu croire une chose pareille !

GROSCOURT.

Voyons, quoi?...

CANARD.

Ce morveux, ployant comme un roseau,
En voulant me porter me fit tomber dans l'eau.
Je bois de l'onde amère et tout mon corps y plonge,
Si bien que tu le vois, trempé comme une éponge ;
Puis encor pour m'avoir traité de la façon,
Ne faut-il pas payer ce maudit polisson?

RATAPOIL.

Quoi? vous vouliez un bain... vous l'avez pris, je pense.

GROSCOURT.

Tout le prouve.

CANARD.

Oui... trop bien !

GROSCOURT.

Tu dois la récompense.
Allons, mon cher Canard, donne-lui ses dix sous ;
Ici ne sois donc pas si crasseux que chez nous.
Voyons, il faut un peu que tu te déboutonne.

CANARD.

Eh bien ! oui... j'y consens, grâce à toi je les donne.
Tiens, les voilà, fripon !...

RATAPOIL (*haut*).

Mon bon Monsieur, merci !. .

CANARD.

Et ne viens pas encor me tourmenter ainsi.

RATAPOIL (*s'en allant lui fait du nez*).

Si vous venez aux bains je vous retiens d'avance.

CANARD (*en colère, voulant courir après*).

Attends ? coquin, je vais punir ton insolence.

(A Groscourt).
Vous autres, voilà ceux qu'encor vous soutenez.

GROSCOURT.

Quoi donc est-ce qu'il fait.

CANARD.

Il fait un pied de nez.

GROSCOURT.

Bah ! bah ! c'est un gamin, ne t'en fais pas de bile.

CANARD.

Quand on n'est pas le bœuf la chose est bien facile.
Il en est autrement alors qu'à tous propos,
Pour recevoir les coups il faut tendre le dos.
Maintenant que tu sais mes tristes aventures,
N'ai-je poussé des cris que pour des écorchures?
Dis-le moi, cher Groscourt...

GROSCOURT.

Tes plaintes n'ont pas tort...

CANARD.

Air :

Si maman de la façon,
Voyait son pauvre garçon,
Ah! quelle en aurait de peine!..,
(Il soupire).

Son cœur serait soupirant,
Et, comme une Madelaine,
Elle dirait en pleurant :
(Il pleure).

Ah! ah! ah! Canard, mon ange,
Quand on court, mon petit chat,
Vois-tu ce n'est pas étrange
Qu'on se trouve en cet état!! (*bis*).

Quand je me mis en voyage,
Ma mère en pleurant me dit.
Prends bien garde à ton plumage,
Si tu veux quitter ton nid.

Si la leçon maternelle
Sur mon cœur eût eu du poids,
Déplumé, battant de l'aile,
Me verrait-on aux abois? (*bis*).

Mille fois aujourd'hui je maudirais le sort,

Si pendant ce long cours de tracas et de peine,
Je n'avais pas l'espoir d'une excellente aubaine. . .

GROSCOURT.

A propos, qu'as-tu fait de ton fameux marchand ?

CANARD.

Une affaire avec lui, qui me vaut cent pour cent ;
C'est un homme excellent et tellement aimable,
Qu'il faudrait aller loin pour trouver son semblable.
Il est rare de voir quelqu'un de plus coulant.

GROSCOURT.

C'est un homme qui fait un commerce important ?

CANARD.

Son commerce est monté sur une grande échelle,
Chaque jour il y joint une branche nouvelle,
L'article en général concernant mon métier ;
Ciseaux, rasoir et peigne, il le tient tout entier ;
De plus, il joint encore à ce puissant négoce,
L'opiat pour les dents, le savon et la brosse,
La graisse du lion, si propice aux cheveux,
Qu'en y mettant la main il en vient dans le creux ;
Cette pommade à neuf peut remettre les nuques,
Et, comme il est partout des têtes à perruques,
Son débit va.

GROSCOURT.

Chez nous il en serait besoin.

CANARD.

Aussi d'en commander ai-je eu le plus grand soin.

GROSCOURT.

Tu pourras bien en vendre à presque tout le monde.

CANARD.

Oui... l'espoir de mon gain, c'est sur quoi je le fonde ;

Remis à cet effet, moyennant cinq cents francs,
Il me fera tenir le tout dans peu de temps.

GROSCOURT.

Comment donc, ce marchand t'a fait payer d'avance?

CANARD.

Pourquoi pas? Avec lui j'ai lié connaissance;
En raison du marché que nous avons conclu,
Il paya le dîner que tu n'as jamais vu!!
Sa nièce qu'il avait, est bien la plus jolie..
Qu'un oncle dût jamais posséder de sa vie.
A peine ai-je eu sur elle un coup jeté les yeux,
Que mon cœur, prenant feu, s'en rendit amoureux!
Tu sais bien que chez nous, pour avoir une femme,
Vainement je me suis usé le corps et l'âme?
Hé bien! dans ce pays, où très-probablement,
Le sexe doit valoir pour le moins tout autant,
Je suis aimé d'un coup par une demoiselle,
Devant qui de chez nous pâlirait la plus belle.

GROSCOURT.

Crois-tu que tu n'as plus qu'à faire les yeux doux,
Pour que le sexe entier te veuille pour époux?

CANARD.

Je suis d'autant plus sûr de posséder la nièce,
Que l'oncle m'en a fait la plus ferme promesse.

GROSCOURT.

J'ai peur qu'en ce moment te trompe un vain espoir,
Pour en être certain je voudrais bien le voir.

CANARD.

D'ici son domicile est distant d'une lieue.

GROSCOURT.

Prends bien garde, à ton tour, qu'il te fasse la queue?.

CANARD.

Il n'est pas dans le cas (loin de moi tout soupçon),
De vouloir me tromper en aucune façon;
De la franchise en lui j'ai vu partout l'empreinte,
Le cœur d'un homme vrai ne peut cacher la feinte?

GROSCOURT.

Tant mieux, s'il est ainsi... pourtant il a beau jeu...

CANARD.

Je mettrais, pour cela, très-bien la main au feu.

GROSCOURT.

Il ne faut pas toujours juger sur l'apparence,
Le crime, bien souvent, prend l'air de l'innocence,
Et, sous un voile honnête, il cache un scélérat.

CANARD.

Le père était coiffeur, jamais, dans cet état,
On ne vit de fripons.

SCÈNE XI.

Les précédents, LÉON, Mme ET M. BREDOUILLET.

LÉON (*de loin*).

Tiens! Mais, Dieu me pardonne,
Voilà mes deux gaillards? Ah bien! l'affaire est bonne?
Vite! vite! Monsieur! Madame Bredouillet.

Mme BREDOUILLET (*de loin*).

Quoi?

LÉON (*à Canard*).

C'est lui, je le tiens. Ah! oui-dà, mon cadet!

GROSCOURT.

Que veux donc ce garçon?

CANARD (*à Léon*).

Êtes-vous imbécile ?...
Pour faire cette esclandre au milieu de la ville.

LÉON.

Imbécile ? Monsieur ! mais vous ne l'êtes pas,
Si partout, sans payer vous faites vos repas,

M. BREDOUILLET.

Menons-le sur le champ devant le commissaire.

Mme BREDOUILLET.

Laisse-moi, Bredouillet, ce n'est pas ton affaire.

CANARD.

Que veux dire cela ?

GROSCOURT.

C'est un vrai quiproquo.

LÉON.

Non, pas du tout, Monsieur, c'est bien mon grand chicot,
Oui, je le reconnais, ma mémoire est fidèle.

Mme BREDOUILLET.

C'est vrai, suivi d'un homme et d'une demoiselle,
C'est bien vous que j'ai vu tantôt dans mon bosquet
Venir pour y dîner.

CANARD.

Oui, Madame, en effet !
Est-ce ainsi, maintenant, que l'on m'en récompense.

GROSCOURT.

D'ailleurs, ce dîner-là vous est payé ? je pense.

Mme BREDOUILLET.

Pas du tout, Monsieur, c'est justement pourquoi...

CANARD.

Dieu ! qu'entends-je ? est-ce un coup qui tombe encor sur moi ?

Mme BREDOUILLET.

Ayant vidé les plats, nettoyé leur assiette,
Mis les verres à sec et laissé table nette,
Ils sont partis tous deux.

GROSCOURT.

Sans payer leur écot ?

Mme BREDOUILLET.

Sans tambour, ni trompette, et sans me dire un mot.

CANARD.

Mais, monsieur Griparin, madame, est honnête homme,
S'il ne l'a déjà fait il en payera la somme ;
C'est lui qui s'est chargé de régler le repas.

Mme BREDOUILLET.

Je n'en ai rien reçu, je ne le connais pas.

CANARD.

Vous ne connaissez point un des hauts personnages,
Qui soient dans le commerce, ici, sur ces parages ?...

Mme BREDOUILLET.

Nullement.

CANARD.

Griparin est un riche armateur.

Mme BREDOUILLET.

A ce sujet, Monsieur, vous êtes dans l'erreur,
Je ne vois pas un chat de ce nom dans la ville.

GROSCOURT.

Serais-tu le jouet de ce fripon habile ?

Mme BREDOUILLET.

A les voir tous les deux se traiter sans façon,
Je les croyais amis.

GROSCOURT.

Du tout, c'est un gascon,
Avec qui ce Monsieur, trop plein de confiance,
En descendant des trains a lié connaissance.

CANARD.

Par où sont-ils allés ? Mon Dieu, mon pauvre argent.

Mme BREDOUILLET.

Tous deux ont pris les trains.

LÉON.

Ils sont loin à présent.

CANARD.

Pourquoi les avez-vous laissé prendre la fuite ?
Mes pauvres cinq cents francs ! ..

GROSCOURT.

Il faut que tu les quitte,
C'était à toi, mon cher, de ne pas sans propos,
Au premier chien venu laisser ronger tes os.

CANARD.

Ah ! que n'ai-je évité cet accident funeste.

GROSCOURT.

Il faut payer Madame, et laisser là le reste.

CANARD.

Sans doute, il faut payer, mais je n'ai plus le sou :
Je suis de ma finance entièrement au bout,
C'est à peine si j'ai, pour faire mon voyage.

GROSCOURT.

Que doit-on?

CANARD.

Trente francs.

Mme BREDOUILLET.

Mon Dieu, pas davantage ! !...

GROSCOURT (*à Mme Bredouillet*).

Madame, les voici...

à Canard.

Sois tranquille, cher Canard,
Chez nous, sans intérêts, tu les rendras plus tard.

CANARD.

Merci !

Mme BREDOUILLET.

Quand vous viendrez, accordez-moi d'avance,
De votre clientèle encor la préférence ?

LÉON.

J'observe à ces Messieurs, que ce fameux gascon
S'en est encore allé sans payer le garçon.
Vous payez le diner ? c'est le dû de Madame,
Mais à mon tour, le mien, Messieurs, je le réclame.

GROSCOURT.

Je n'ai pas de monnaie... allez, une autre fois,
Vous recevrez de moi beaucoup plus à la fois.

LÉON.

Je n'ai pas de monnaie ! ! Ah ! c'est bien la parole,
Qu'au malheur indigent qui demande un obole,
J'entendis bien souvent répondre Dargentain.

CANARD.

De vous donner un sou j'aurais bien du chagrin,
Après l'esclandre ici que vous venez de faire.

Mme BREDOUILLE.

C'est très-bien, quant au tronc, j'en ferai mon affaire.

LÉON (*à Canard*).

Dans ce cas-là, Monsieur, il le faut avouer,
Un pareil procédé n'est pas fort à louer.

CANARD.

Que dit cet insolent ? je mettrais à la porte,
S'il n'était pas dehors un garçon de la sorte.

A Groscourt.

Eh bien ! mon cher Groscourt, en voilà-t-il un choc.
Faut-il, pour l'endurer, avoir un cœur de roc !
La fortune sur moi semble épuiser sa rage !...

GROSCOURT.

Le remède, à cela, c'est d'avoir du courage.

CANARD.

Je voudrais être loin de tes trains de plaisir ?...
Voilà qu'il se fait nuit, hâtons-nous de partir...

GROSCOURT.

Voyons, auparavant, dis donc bonsoir au monde !
En accidents fâcheux la bêtise est féconde :
Tu ne peux imputer à ces honnêtes gens,
Les tracas ennuyeux de tous tes incidents :
Lorsqu'on a, comme toi, l'intelligence lourde,
Mon cher ami, toujours on fait bourde sur bourde ;
En quelque lieu qu'on aille, on est ce que l'on est :
Le fond ne change pas, aucun ne le refait,
Le sot est toujours sot ; quoi qu'il veuille ou qu'il fasse,
La bêtise, à grands traits, est peinte sur sa face.

L'homme intrigant est plat, et se fourre partout,
Il se glisse en rampant, passerait par un trou,
Arrive doucement, pour faire voir sa brigue,
Et prend les ignorants au piège de l'intrigue.
Le mérite, à son tour, se blottit dans un coin,
Il est aimé de près, aussi bien que de loin.
Malgré l'avis des sots, que souvent il méprise,
Il faut que, sans bouger, tôt ou tard il arrive.

CANARD.

Je vois bien à présent qu'on perd à voyager,
Que courir les pays, c'est chercher le danger.
Puisqu'on a le toupet, et l'audace assez forte
De me faire la queue et traiter de la sorte,
Dans ce cas, je retourne à Saint-Julien-du-Saut ;
Je reprends mon rasoir, et rase comme il faut.
Si parmi vous, Messieurs, il était quelque nuque,
Qui put avoir besoin d'une bonne perruque,
D'un petit coup de peigne, où bien d'un faux toupet,
Toujours à ma boutique on sera satisfait.

AIR :

Gentil barbier,
Mon vrai métier
C'est la coiffure,
C'est la frisure,
C'est de châtier
Tous les défauts que la nature
A répandus dans la figure ;
Petits et grands, je rase tous,
Savon et barbe pour deux sous.

Ah ! venez tous à ma boutique,
Je tiens des poudres et des onguents,
Je soulage aussi la pratique,
Qui souffre du mal de dents.

Accourez tous à ma recette,
Vous dont la barbe n'est pas faite ;
Je suis savant dans mon état,
Sous le menton je tiens le plat,

Et de la main dont je savonne.
Jamais je n'écorche personne.
Sémillant, frétillant,
Je passe et je repasse
Le rasoir sur la face.

Gentil barbier, etc., etc.

COUPLET FINAL.

GROSCOURT.

Tout, Messieurs, dans cette histoire.
N'est pas article de foi,
Mais, ce que l'on peut en croire.
Chacun l'a vu devant soi.
Et le tient dans sa mémoire,
C'est qu'on voit plumer partout
Un canard plus qu'un hibou. *(bis)*.

Si mon Canard trop sauvage.
N'eût pas voulu voyager,
Et sur un lointain rivage,
Courir après le danger,
Il aurait tout son plumage,
Et serait, comme un hibou,
Bien tranquille dans son trou ! ! *(bis)*.

CANARD (*au Public*).

Vous ? à la saison nouvelle.
Si vous allez dans les trains,
Comme amis je vous rappelle
Qu'il faut fuir les Griparins.
Et ceux que, sans un bout d'aile,
Nous voyons de toutes parts,
Mieux voler que les canards ! ! ! *(bis)*

GROSCOURT.

Que si, Messieurs !... je le sache,
Mon Canard vous fait pitié,
Dans un coin je vous le cache,
Et privé de liberté,
Tout comme un chien à l'attache.
Je veux qu'il ne sorte plus,
Qu'on ne daube pas dessus ! ! ! (*bis*).

ERRATA.

Page 2, ligne 10, *au lieu de* : Qui fait tant sa tête, *lisez* : Qui fait tant de sa tête ; ligne 14, *au lieu de* : laisses, *lisez* : Laisse.

Page 11, ligne 4, *au lieu de* : Plus frais, *lisez* : Plus au frais.

Page 16, ligne 20, *au lieu de* : Sans dessus dessous, *lisez* : Sens dessus dessous.

Page 20, ligne 8, *au lieu de* : Fait croire le Pérou, *lisez* : Nous fait croire le Pérou.

Page 21, ligne 2, *au lieu de* : Un oie, *lisez* : Une oie.

Melun. — Imprimerie de DESRUES.

www.ingramcontent.com/pod-product-compliance
Ingram Content Group UK Ltd.
Pitfield, Milton Keynes, MK11 3LW, UK
UKHW021017180726
13838UKWH00004B/1562